章次公学术评传

中华中医昆仑

张镜源◎主编

中国盲文出版社

图书在版编目（CIP）数据

章次公学术评传（大字版）/ 张镜源主编．—北京：中国盲文出版社，2015.12

（中华中医昆仑）

ISBN 978－7－5002－6786－7

Ⅰ．①章…　Ⅱ．①张…　Ⅲ．①章次公（1903～1959）—评传　Ⅳ．①K826.2

中国版本图书馆 CIP 数据核字（2015）第 303215 号

章次公学术评传

主　　编：张镜源
责任编辑：顾　盛
出版发行：中国盲文出版社
社　　址：北京市西城区太平街甲 6 号
邮政编码：100050
印　　刷：北京华联印刷有限公司
经　　销：新华书店
开　　本：700×1000　1/16
字　　数：42 千字
印　　张：6.75
版　　次：2015 年 12 月第 1 版　2016 年 3 月第 2 次印刷
书　　号：ISBN 978－7－5002－6786－7/K・392
定　　价：12.00 元
销售服务热线：（010）83190297　83190289　83190292

丛书编委会

前言

中医药是中华民族的伟大创造，是世界医学宝库中的夺目瑰宝，数千年来为中华民族的繁衍昌盛作出了巨大的不可磨灭的贡献，至今仍是中国医药卫生事业不可分割的重要组成部分，在维护民族体魄康健、促进经济社会发展中发挥着不可替代的作用。

中医药学，是中华传统文化和科技文明的结晶，是勤劳聪慧的中华儿女在几千年生产生活实践中，在与疾病作斗争的过程中，创造的独具特色的医学科学体系。它有着浓郁的民族特色、深厚的文化底蕴和丰富的哲学内涵。经过一代又一代中医药传人、一辈又一辈名医大家的实践探索、薪火传承、总结完善、创新发展，逐步形成了系统的理论体系、独特的诊疗方法、丰富的医学内容、实用的制药技术。具有疗效确切、用药安全、应诊灵活、普适简廉和预防保健作用显著的巨大优势，在世界医学之林独树一帜，为人类的文明进步与医疗保健事业，已经并正在作出积极的贡献。

为了弘扬中华民族传统文化，彰显中医药学家的丰功伟绩，当代中医药发展研究中心与中国文学艺术界联合会、国家中医药管理局新闻办公室、中华中医药学会、中国中医科学院、北京中医药大学、世界中医药学会联合会等精诚合作，在国家中医药管理局的支持和指导下，为中华近现代百年来贡献卓著、深受敬仰的150位中医药学家，编撰出版了这部大型传记丛书。丛书采用评传体裁，记载他们的生平事迹、医术专长、学术思想、传承教育、医风医德、养生之道和突出贡献，使这些宝贵的医学成就和精神财富发扬光大，千古流芳。

丛书取名《中华中医昆仑》。昆仑山，被尊为“万山之祖”，柱西北而瞰东南，立中国而凭世界，凌驾乾坤，巍然屹立。以其高峻豪迈、绵延起伏的磅礴气势，寓意中华中医药学历史悠久、博大精深和永不衰竭；以其挺拔雄伟、高耸入云的恢弘气魄，彪炳一代中医药学家的丰功伟绩、杰出贡献和不朽勋业。

丛书入选传主，从全国范围推荐遴选，遍及中医药界各个领域。有临床家、理论家、药学家、教育家、医史文献学家；有名师亲授、世医家教、学派传人、院校毕业和自学成才者；有师徒并驾、父子齐名和伉俪联袂者。他们学术造诣深厚、诊疗技术精湛、临床经验丰富、学科地位崇高、科研成果丰硕、医风医德高尚、国内外影响较大，从医学理论到临床实践，为中医药事业的传承和发展作出了突出贡献，是近现代百年来中华中医药界的杰出代表。

丛书的出版，对于弘扬中华文化，振兴中医药事业，造就中医药人才，普及中医药知识，具有重要的现实意义和深远的历史意义。这是一项开创性工作，填补了我国为著名中医药学家大规模撰写传记的空白；也是一项抢救性工作，因入选传主已仙逝过半，许多亲历、亲见、亲闻的史料日见散逸，将之收集整理、编撰成书，功垂后世、利国利民；更是一项承前启后的工作，总结传主经验，传承中医药伟业，继往开来，光耀世界医学之林。这部医文结合，富蕴历史性、学术性、文学性和实用性的鸿篇巨制，对医疗、卫生、科研、教育及全球关注中华中医药文化的各界人士，都有重要的参考和阅读价值。

丛书的编撰出版，是一项巨大的中医药文

化建设工程，在策划、撰写、编辑、出版过程中，自始至终得到了国家有关领导、政府部门及社会各界人士的关心和支持。国家中医药管理局高度重视，并组织专家对全书进行终审；数百名专家、学者亲临指导，参与规划；有关省、市、自治区卫生厅、局、中医局（处）给予大力帮助；传主及其亲属、弟子热情支持、密切配合；撰稿人深情满怀、辛勤笔耕；编审专家尽心竭力、精工细琢；关爱中医药事业的企业家热心公益、慷慨资助；全体工作人员不辞辛劳、无私奉献，这一切使丛书得以顺利出版。对此，我们深表谢意。

由于时间紧迫和资料搜集困难，加之水平有限，难免有疏误之处，敬请广大读者批评指正。

中华中医药学，历史悠久，源远流长，发端于远古，奔向于未来。百年对于历史，不过是短暂的瞬间；百人对于万众，不过是沧海一粟。然本丛书所记载的百年百人，则无疑是波澜壮阔的中医药发展史上辉煌的篇章和光芒闪烁的璀璨星辰。

张镜源

目录

儿女性情，英雄肝胆，神仙手眼，菩萨心肠。这四句话是做一个好医生的必具原则，要遵而行之。

——章次公

章次公（1903—1959），江苏省镇江丹徒大港镇人。现代杰出的中医临床家、教育家、改革家。原名吕光，字合子。后易名成之，号之庵，字次公，以字行世。师从名医丁甘仁、曹颖甫及国学大师章太炎，上海中医专门学校毕业后行医沪上；参与创办并执教中国医学院、上海国医学院。1955 年应召赴京任中央卫生部中医顾问，兼任中南海保健工作，曾多次为毛泽东、朱德、周恩来、邓小平等老一辈国家领导人看病。历任北京医院中医科主任、中国医学科学院院务委员等职。

章次公精研医书经典及诸家学说，于伤寒

学造诣尤深。提倡“发皇古义，融会新知”，临诊主张运用中医之四诊、八纲、辨证论治，兼采现代科学诊断手段，“双重诊断，一重治疗”，提高疗效。对温热病的治疗有独到的见解和丰富的经验，对内科杂病及妇科病的治疗有很深的造诣。用药则博采众方，无论经方、时方、单方、验方乃至草药，兼收并蓄，机动灵活，注重实效，尤其善用虫类药物，每收显效。

著《药物学》4 卷，多发前人之未发，补古人之未逮；撰有《张仲景在医学上的成就》、《中国医学史话》等有关医史论文；尚有《诊余抄》、《中西医学名词对照》及其他论文 20 余篇；另与徐衡之合辑《章太炎先生论医集》；晚年拟修订《历代医籍考》，校勘《黄帝内经》，未竟病逝。《章次公医案》、《章次公医术经验集》系其门人集体搜集，朱良春整理出版。

薪火相传　教泽绵长

章次公的父亲章峻，字极堂，前清秀才，曾去日本某士官学校留学半年。清末参加江苏省暂编南洋新军第九镇，任镇江象山炮兵营长，秘密参加了同盟会。

辛亥革命后，章极堂隐居乡里。他经历了太多的腥风血雨，长子冠之又患肠伤寒夭折，遂为次子次公立下庭训：不要过问政治；学好古文，将来从医；要有强健的体格。

章次公谨遵父训，练武习文，12 岁由父亲授《黄帝内经》、《伤寒论》等。父亲管教十分严厉，倘若不能及时完成作业，必加惩罚，轻则打板子，重则罚跪。章次公 15 岁丧父，母亲靠种菜卖菜抚育他成长。练武的章次公喜欢与人打架，到处惹祸，慈母流泪说："儿子，你不掌握一门技术，将来何以立身？"章次公遂下决心去上海学医。

1920年，章次公只身赴沪学医，考入上海中医专门学校。校长为谢利恒（谢观），课程偏重于中医传统理论。学制为预科三年，学习基础课程；本科二年，主要为临床实习。

章次公很勤奋，常熬夜苦读。他博览群书，过目不忘，且敏悟过人，深受老师丁甘仁的器重。丁甘仁是江苏孟河人，能熔经方、时方于一炉，而又有自己的创见；处方用药既有严谨的法度，而又能圆机活变，自出机杼。章次公对丁师深为服膺，从孟河派汲取了丰富的营养。

后来章次公又师事经方大师曹颖甫。曹颖甫对仲景之学研究有素，临证常用经方，大刀阔斧，风格泼辣，与丁甘仁纤巧缜密的风格迥异。《伤寒论》、《金匮要略》文深义奥，曹颖甫以其精深的国学根底，将仲景原旨讲解得十分透彻，深为弟子所折服。

1925 年，章次公毕业后，被分配到母校的广益中医院三等病房做中医师兼护士。这里的病人几乎都是身患重症、危症的贫苦百姓。章次公深为同情，希望能尽量缩短疗程，减轻他们的经济负担。他常说："对贫困病人的治疗，必须 3 剂汤药见分晓。"故处方时抓住主症，试用药味少、药量大的方法，以力专而效宏，切中要害，药到病除。他还善于细致观察用药后病情的细微变化，以及时作出调整。艰苦的工作环境，给了章次公很好的锻炼机会，他积累了丰富的临床经验，逐渐形成"辨证准确，用药泼辣"的风格，在学术上多有创见，成为上海小有名气的中医师。这段不寻常的经历，使他受益终生。

1928 年，章次公成为章太炎弟子。他出于对太炎先生的敬仰，取"次公"为字。章太炎是近代中国国学大师，其学问博大精深，对文字、音韵、训诂、经学、诸子、史学、哲学、佛学等均有深邃的研究，且对岐黄研究有素，尤嗜仲景之学。

章次公回忆说："我从前问业于太炎先生的时候，先生指点我治医之余，如能对印度因明之学加以研究，当有助于察事辨理；如能用印度因明学的方法研究仲景的辨证用药，可以更加深切。""因明学"是印度佛教逻辑学，是关于推理、论证的学说。章次公善于吸收国外有科学价值的思想，研究后深为折服，说："学问极，则在舍似存真，因明一学，乃印度教人以辨真似之学也。"

太炎先生擅长作联语，题字喜用篆书，曾为章次公篆一对联："嗜学当如食鸡跖，解经直欲析牛毛"，抬头为"书赠次公"，落款为"宗人章炳麟"，可见师生情谊深厚。

受国学大师章太炎朴实无华治学风格的熏

陶，章次公治学崇尚实际，反对不着边际的空谈。他国学基础深厚，撰述汰华词，重佐证，断感情，戒妄牵，都是遵循太炎先生的家法。他将中医学植根于国学基础，注重临床实践，走出了一条朴学治医的道路。

章次公与王一仁、秦伯未、严苍山、许半龙等人感叹“中医界办学虽有多年，究竟毫无进展……中医教育几致沦亡，苟非从根本阐明学术、陶铸人材，则今日中医竟有釜底游魂之势”，乃发起创办中国医学院，经一年筹备，于1928年2月正式开学。该院学制为四年全日制，课程设置中西医并蓄，但仍较注重中医传统理论，中医课始终占70％以上，教材全部由任课教师编写。

章次公不因循守旧、墨守成法，虽先后在母校及中国医学院执教，然而他觉得两校环境均不能充分发挥其志向，遂于1929年，与徐衡之、陆渊雷3人创办上海国医学院。除中医必修课外，另添加西医基础医学，如生理、解剖、病理、生化等。力主中医要科学化，抛弃中西医成见，采取中西医结合，重实际而不尚空谈。各科讲义内容多用现代科学解释古代医学经文，使学生耳目一新，颇有吸引力。上海国医学院开办仅3年，培养学生百余人，因兵荒马乱，经费不足，遂告停办。

章次公先后在上海中医专门学校、中国医学院、新中国医学院、苏州国医专科学校授课，讲授药物、时病、杂病等。数十年后，弟子王玉润回忆当年的上课情景："记得第一次见到章次公先生是在课堂上。当这位新来的药物学老师站在我们面前时，我不由大失所望，那么矮的个头，身上的长衫像是几年没洗过，戴着一副眼镜，真是有些呆相。只见他二话没说，便在黑板上吃力地写下'发皇古义，融会新知'八个大字，这便引得我们很想听听他有何许高见。没想到这么一个'呆人'讲起话来有苏北口音，却口若悬河。从《黄帝内经》一直讲到《本草纲目》，一个个药名，一个个方子讲得头头是道，同学们不由叹道：‘这先生好记性！’”

章次公对《本草纲目》中每一味药在哪一页，以及附方都了如指掌，又能以现代科学观点、科学成就，折衷中西，确定药的效能。他敢于推翻陈腐之论，有玄虚失实的则加以否定，新奇大胆，极具说服力。同学们都喜欢听他讲课，从中得益也最多。

章次公讲授药物学自编讲义，不用现成的《本草纲目》作教本。与传统中药学截然不同，他把每一味药（植物药）都分为原植物、产地、入药部分、性味、主治、近世应用、炮制、用量、著名方剂、前代记载、近人研究、东人之说等项详细讲述，最后是他写的编者按，着重说明该药的应用方法和自己的使用经验。他自叙当时梗概说：“撷其精华，汰其浮辞，旁取日本，远采欧西，剪辟宋元以来——肤廓之论，发扬古医学之学效研究生药，以广种植，苦心孤诣，另辟蹊径。”有时他指定一二味药，让学生按他编写的模式试编讲义，使学生们广泛涉猎，开拓眼界，并锻炼写作能力。

讲授时病、杂病时，重视实践经验。章次公所编讲义，一面选评古今医案，一面常将自己所治，以及同一患者复经其他医生所治医案一并编入。例如一湿温患者，前后诊治14次，又经丁济万、陆仲安、徐尧功、马介梅、徐衡之、华实孚等医师先后诊治1～4次，这些医生的医案，一张不缺，全部编入。讲授时，章次公把自已和其他医生的医案，根据学理，实事求是地详细解析，使学生汲取其成功的经验和失败的教训。

章次公还选录自己和其他医生的医案，由学生独立辨析。如某患者先由夏应堂、吕鞠屏诊治，后章次公与曹颖甫同诊，“今详录前后诸方，不赞一辞，其是非得失，读者自能辨之”。

医案之后，有时还提些问题供学生思考。指导学生实习时，收集不少学生的实验医案，编印《实习观摩集》，供大家切磋。除对学生的辨证用药指出差误外，还对医案中欠妥的字句加以修改。

章次公认为，古人医案中，在治效方面有很多渲染浮夸之处，不能尽信，尤其失败病案，百难得一。因此，在教学中，他既说成功经验，也讲失败教训。自己的医案亦如此，治疗无效的也毫不掩饰，全案编入，跟学生一同研讨失败原因，引为戒鉴。他将自己失败的医案，详叙始末，汇编成《道少集》与《立行集》。名家高手亦难免误诊误治，如何对待失手，可看出医家心胸。章次公说："对待别人固可隐恶扬善，若以对待他人之法而原谅自己学术上之错误，此必沦为无行之庸医。"他不讳己过，不计毁誉，彰显出其医德之高尚。

1937 年，章次公开始挂牌业医，同时带教了不少学生。当时上海稍具名望的医生收徒，非多金不办，章次公则不然，若志愿到他诊所学习，不收一分学费，甚至还帮助学生解决住处，条件是必须一丝不苟地学习。

章次公诊室中央两张八仙桌纵向摆列，桌上放着笔、墨、砚，处方纸上印有“博采众方”四个红色大字。另有体温计、压舌板、血压计、听诊器、手电筒、消毒用酒精棉球以及去西医院检查的胸透、化验申请单等，这在当时的中医诊所尚不多见。病人就诊前，学生根据病情分别为他们测体温、数脉搏、检查嗓子，并将检查结果写在挂号条上。章次公临诊时看着挂号条，详问病史，切诊察舌之后大声口授脉案、药名和剂量，全神贯注，往往香烟燃至手指却全然不知。其脉案从实情出发，长短不拘，长者二三页，短者寥寥数语，一扫过去陈规旧律八股式的叙论，用词洗练，清新洒脱，分清病情鉴别、用药理由，在纷繁复杂的症状中抓住主症，审明主因，直揭病机的幽隐；用药机动灵活，击中要害。章次公指导学生，常参照现代医学理论，并且主张“双重诊断，一重治疗”的诊治方法。无门户之见，不论经方、时方、民间单方都应用自如。章次公诊病是开放式的，侍诊者既有入门弟子，又有慕名而来的学生甚至同行，抄方学习者，每天少则五六人，多则十余人。章次公说一口难懂的家乡话，常由固定学生写方，其他门人偶一代之。章次公鼓励学生包括抄方者提问题，并耐心解答；他也时常提问学生，促使他们思考。答对了，予以表扬；答错了，则很客气地指出错在哪里。有时在开方之前，先让学生作诊断，草拟药方，他再对该方进行修改，并说出道理。师生间温馨地一问一答之间，传授了他丰富的临床经验，不失为良好的启发式的教学方法。学生们每次抄方实习，收获良多。例如浮肿，心脏病、肾病、肝脏病均可引起浮肿，在诊治上如何分辨？

章次公治疗张姓患者医案如下：“肿从足部起，逐渐波及腹部，其形如箕，按之石硬。其人嗜酒多年，疑是肝脏性腹水。脉无变异，不类心脏病；面目不浮肿，亦不类肾脏病。”短短52字，清楚地告诉学生对三种不同浮肿的诊断依据，这在当时，是十分可贵的。医案书写简洁精练与章次公深刻的医学理论、朴实的文学素养是分不开的，太炎先生对此颇为赞赏，因章次公身材较矮，故有“笔短如其人”之评。《章次公医案》在1980年整理出版后，印刷两万册一销而空。

章次公一生学生很多，听课者不下千人，抄方实习者不下二三百人。他与门人相处，情深谊厚，形似兄朋，爱护备至；与生徒交往或书信往来，咸以兄弟称道，谦虚之至。

同道交谊　相得益彰

对待同道，章次公十分尊重，有请益者，必详为指点。一位患者就诊时，拿出宋自清开的药方给章次公看。宋医师诊所与章次公诊所数门之隔，挂牌“中医专家宋自清大医”。章次公说：“宋医师的方子很好，用药对呀，让我开方也一样，你把号退了。”当晚宋医师带儿子登门道谢，说：“以后我要送儿子来跟你学医。”对前医药方稍有更改一二味时，章次公必在处方中写明更改原因，并嘱患者下次仍到前医处诊治，将更改的处方带去作参考。如果同道介绍病人来治疗，章次公总是以探讨的口气说明病情，用何种汤方，再让病人回原介绍医生处治疗。这种做法在当时私人开业的医生中殊为少见。前医敬佩其人品，有些后来成为他的朋友，有的成为学生，如宋自清父子。遇到疑难疾病，章次公有时亦介绍给其他同道，观察学习他人之长。须靠医疗器械检查的，则介绍到医院去，以免延误。

抗战胜利前夕，沪上名医结“经社”，每月初聚会一次，参加者每次带医药文物及珍本医书，并备文房四宝，能书会画者即席挥毫。“一张一弛，文武之道”，名医们平日诊务繁忙，十分劳累，在这里茗酒谈笑，切磋学术，鉴赏文物，吟诗作画，既放松了身心，又联络了感情。章次公与秦伯未、程门雪、严苍山、盛心如、张赞臣、余鸿孙、陈存仁等八位，诗词、书法、绘画最具风韵，被称为“经社八才子”。

章次公又与名医程门雪、秦伯未并称沪上“医界三杰”，均为多才多艺的名医大家。章次公认为，“书法为品格志趣之外在表现”，其正楷书法端庄，完全是“正襟垂绅”的颜真卿法度，字里行间洋溢着雄壮博大的气势，凝重质朴之中蕴含着难于从众的刚气。被太炎先生誉为“凤鸣高岗”的国学大师柳诒征，曾请章次公诊治，其长孙柳曾符见其“处方作工楷颜书，笔力挺秀，心甚异之，是不愧为儒医”，遂珍藏处方墨迹。后任复旦大学教授的柳曾符作《现代中国书法史》，萃列现代书家100人，其中医家3人，章次公即是其一。

章次公“与陈存仁、陆渊雷、秦伯未善，阔人少交焉”。这三位是章次公中医专门学校的同窗好友。毕业不久，章次公曾向陈存仁诉说自己在戒烟时经受的痛苦，陈存仁亦坦陈因失恋而抑郁寡欢。章次公拿起笔来，寥寥几笔，勾勒出一只点燃着的墨色蜡烛，旁侧题曰“一寸相思一寸灰”，两人惺惺相惜，彼此安慰。这幅小图，陈存仁保存了几十年，直至去世。

1948年，陈存仁邀请众名家座谈《伤寒手册》。程门雪与章次公的发言，令人印象最深，对人启迪最大。程门雪说："存仁先生此次在《伤寒手册》中，引用了不少西医理论，这是时代的趋势，潮流所向。章次公先生在这方面造诣极深，博览旁搜，是当今吸收新说、推动中医学术前进的佼佼者。"章次公接着说："谁都知道程门雪先生是当今伤寒温病大家，宗长沙法度，而不泥古方，学天士灵巧，能独抒己见，存仁先生的《伤寒手册》应该具有程门雪先生的风范。"短短数语，概括了中医学的精髓，不仅阐明了中医临床的准绳，而且是中医处方学的指南；既是对程门雪的褒赞，也正是自己所身体力行的。由此联想到程门雪《伤寒手册》序："同门中记问浩博，口若悬河，远不如次公；文章尔雅，旧学精湛，更不如伯未。"这固然是自谦，另一方面也确实是对章、秦二公出自内心的叹服。

章次公谈到上海国医学院的二位同仁陆渊

雷、祝味菊时说:“陆先生新知邃密，旧学深沉，一支笔更是生龙活虎，所向披靡。祝先生博闻强识，辩才无碍，他那张嘴也是锋利无比，所向辟易。祝先生治起病来心狠手辣，一针见血。我还记得在上海国医学院同事的时候，我的同乡徐庚和的弟弟徐五和生了极重的伤寒，名医如云，摇首却走，祝先生却‘一力承揽’，转危为安。古之名医，是不是为病家‘具结’来完成治疗任务，我在文献上还没有找到材料，然而这种治疗在祝先生竟是家常便饭。总之，这两位都是全国第一流名手。我生平非常自负，常常瞧不起人，但是一遇到陆、祝两先生，只有奉手承教，俯首无辞。我和他两位交朋友，真是很幸福，很光宠的。”

陆渊雷见章次公经常仗义疏财，尝撰联相赠，联中以“贫孟尝”赞之。

在学术上，章次公更多地和上海同辈名医陆渊雷、秦伯未、程门雪、张赞臣、章巨膺、严苍山等切磋、研究。

20 世纪 50 年代初，章次公与钱今阳合办《新中医药》杂志，这是中华人民共和国成立初期上海最早的中医药刊物。章次公除亲自撰稿外，还约请各位同道供稿。他写给刘民叔的一篇约稿手札如下：

民叔道兄：屡蒙惠赠大著，心折无已。上海医流，多不悦学，如台端及下走，诚如庄子所谓“空谷足音”。令师廖井研，医学上之成就，视先师章太炎先生，亦属一时瑜亮，其生平知者绝鲜。至希诊余之暇，草一传略，刊布拙编《新中医药》月刊。医林幸甚！学术界幸甚！

弟章次公（豫学堂）

手札中称刘民叔“台端”，自谦“下走”，又将这种关系上溯到老师辈：您的老师井研廖季平先生，同我的老师余杭章太炎先生，也是像周瑜和诸葛亮那样才学相当，难分高下。他的生平事迹知道的人已很少，很希望您能在诊疗的空闲时间写篇传略。章次公写的是颜体，规规矩矩，保持他一贯的风格。手札言简意赅，透出浓浓的同道交谊和对中医药学术的深情。

1955年陆渊雷仙逝，章次公著文悼念："医门冷落，学人无多。卓而出群，渊雷而已……"忆及当年与徐衡之、陆渊雷同声相应，一道创办上海国医学院，倡言"发皇古义，融会新知"，太炎先生任院长，徐衡之任总务主任兼儿科教授，陆渊雷任教务主任兼伤寒金匮教授，章次公任药物、杂病教授兼图书馆主任，当时情形历历在目，而今天人两隔，何其痛哉！

1956年，程门雪的入室弟子何时希应召到北京的中医研究院工作，章次公与之拍肩拥抱，亲热之至，正色对这位师侄说："你来得好，此间有网罗五湖四海的医林人物，你熏接久了，就可觉得过去囿于一家一派、一时一地的学说和医药，是狭隘的小天地了。"

在北京，章次公常遇到徐衡之。徐衡之较早调京，是全国最早进入西医院的中医。两位同窗好友同处于与西医合作诊疗危难急重病症的工作环境，诊余见面，除交流具体案例外，更多的是讨论中医学术问题：经方与时方，单验方与辨证论治，外感病中的伤寒与温病，内科领域中的外感与内伤，以及内外科如何整合，等等。两人从讲求实效的医学本质出发，对西医疾病医学诊疗思想，提出“心知其意而不为所囿”，根本上立足于发展中医养生治病实践的“取效之道”，以便能在中西医结合的实践中作出中医应有的贡献。

寒温统一　经时交融

章次公吸纳新知，不拘泥刻板，或异于前贤，或悖于众说，敢为人先，勇于创新，大胆实践，从理论到临床，多有创见。他治热病重视维护心力，熔寒温二家学说于一炉，组方参古酌今，因症施用，在温热病的辨证和治疗上经验丰富，风格独特。

关于外感热病的“寒温之争”，数百年来聚讼纷纭。东汉张仲景著《伤寒论》，被公认为中国医学经方派的鼻祖。张仲景首倡中医的支柱理论之一八纲辨证，即表、里、寒、热、虚、实、阴、阳八个辨证的纲领；书中麻黄汤、桂枝汤、柴胡汤、白虎汤等 100 多个著名方剂，被后人称作“经方”，张仲景被后世尊为“医圣”。张仲景提出“六经论伤寒”的诊治思想，以热病为伤寒，在病初起的太阳经病时，辨证为风寒，用辛温解表药物治疗。到了宋金时代，医学家们在实践中发现，热病从寒辨证，用辛温药味治疗，并非都能奏效。金代刘完素率先提出“伤寒是热病”，认为外感热病不是寒而是火热，主张用寒凉药物治疗。清代以后，医学家们在治疗温邪为患的外感热病中，已经积累了丰富的经验。叶天士创立了“卫气营血”的辨证论治纲领，为温病学说理论体系的形成奠定了坚实的基础。他将热病分卫、气、营、血四个阶段，从运用辛凉药物开始治疗卫分病，之后按病情的发展，逐次清气分热、清营分热、清血分热，使温病急症的治疗进入了新的阶段，尤其对高热、抽搐、昏迷、斑疹、吐衄、厥脱等急救治疗，总结出一套如宣透、清气、泻火、攻下、清营、凉血、化瘀、通络、开窍、育阴、救脱等急救治则，创银翘散、桑菊饮、清营汤、宣白承气汤、加减复脉汤、安宫牛黄丸、紫雪丹等急救系列处方。此后，吴鞠通在《温病条辨》中提出了治疗温热病的“三焦辨证”法。至此，叶天士开先河、吴鞠通等人继踵发扬的温病学派形成。伤寒学派与温病学派在学术上的争论从未停止，医家或宗仲景，或宗天士，泾渭分明。

章次公师事经方大师曹颖甫，原系经方派。他对《伤寒论》、《千金方》、《外台方》、《本事方》用力尤勤，治温热宗陆九芝《世补斋医书·广温热论》。但临证中，发现有些病用经方不但治不好，反而越治越重，不得不尝试用清代温病家的时方，却时常效果显著。他深有感触地说:“吾侪早年受其濡染，以为温病两候之外，皆是误治致之。嗣后亲友中有寒热甫起即邀诊者，愈治愈重，麻桂、青龙、栀豉、芩连、白虎，无不备尝，终归无效而已，始恍然叶氏创轻灵纤巧之剂，实不得已而为之，非故与仲景立异，亦非仲景之叛徒也。”“若必以仲景为千古不易之圣哲，则吾国治伤寒之法，必自划于二千年以前，而凌蔑此后之师法。”

纵观中医学的演变，章次公说：“仲景之书，确是大经大法，有启迪后人的作用。清代叶天士等总结前人的理论与经验，阐发温病学正是对《伤寒论》的发展。惜乎宗仲景者，每歧视清代温热家言，而温热家亦诋毁经方，互相火水，历三百年而未已，其实均门户之见而已。”又说：“各家学说，互有短长，治学者不应厚此薄彼，能取长补短，其庶几矣！”章次公认为寒温是完整的体系，温病学说是《伤寒论》的延伸与发展，之间没有不可逾越的鸿沟。他一针见血地指出：“温病以卫气营血四字为纲领，其归纳证候的方法，凭借客观的事实，固与仲景之划分六经，异曲同工者也。”

《伤寒论》对于外感病的治疗确定为六经辨

证，少阴病是伤寒六经病之一，是六经中最后层次和最危重的阶段，以心肾虚衰为特点，虚弱是少阴病证的主要临床表现，患者多出现精神极度衰惫，欲睡不得，似睡非睡的昏迷状态。其治疗原则，以扶阳、育阴为主法。寒化则扶阳，宜温补法；热化则育阴，宜兼清热法。较多见是寒化证，治疗以回阳救逆为急务，宜用四逆汤，主药是附子，大热。温病治疗用药偏凉性寒性，通常不用热性药。伤寒和温病都重视病期，伤寒按照六经施治，温病按照卫气营血施治。章次公开创性地提出要重视患病时间：处于同一病期的人，患病时间可能相同也可能不同。患病时间若不长，有可能符合一般的治疗规律；若患病时间较长，病人正气衰微，仍按照一般规律去治疗，就有可能失误。此时要优先考虑救治病人的正气。章次公认为，当温病发展到一定程度，病人的心力极度衰竭时，应该引入少阴病的治疗方法，回阳救逆，因为此时救命先于治病。

在外感热病治疗中，章次公重视扶正强心，保护阳气。心脏是五脏六腑之主，是维护人体生命的枢纽。心脏功能的维持，全在于阳气充沛，阳气充沛心脏才能昼夜不停地搏动，鼓动气血运行到周身血脉。如果心气虚弱，气不运行，血行障碍，就会出现诸多病症。培补心气，是保证心脏功能的第一要素。章次公通过大量临床实践，深刻认识到热病保护心力的重要性。患者如果得病时间较长，或者病得很重，正气消耗殆尽，身体极度虚弱，一发千钧之际，病情能否好转的决定因素已不是热度高低，“只有扶持正气最为紧要”，“正气旺盛则生，衰竭则死”，必须着力扶正强心，保护阳气以固阴液。

章次公不拘寒温门户之见，灵活运用《伤寒论》六经和温病卫气营血、三焦的辨证方法，治寒温于一炉，以伤寒心阳虚衰之论，补温邪伤阴不足之见。并且能参合现代医学理论，认识《伤寒论》少阴病的实质："少阴病的主证是脉微细，但欲寐，已出现了生理机能衰退的现象，病人已缺乏正常的抵抗力，循环机能障碍"，指出"少阴病必须挽救垂危的心脏"；同时"温热家也存在着缺点，即他们对心力的维持显然重视不够，误以伤寒为热病，过分拘泥为寒所伤，因此对温病现少阴、太阴等证候时便觉左右为难"。

章次公对温热病维护心力的学术见解独树一帜，对温病学的发展作出了贡献。

章次公对温热病将要出现心衰的某些体征，独具慧眼，辨析入微。尤其在脉诊、神识表现和胸痞的阐发上甚为精辟。

章次公认为，审察是否心衰，舌诊尚不足凭，辨证之要，在于望神色和察脉象。若神气萧索，脉来糊数，或脉沉细而不鼓指，或两脉有歇止，或脉微欲绝等，都表示患者正气不支，必须着力扶正强心，保护阳气以固阴液；若首鼠两端，犹豫不决，势必两败俱伤；若投清温开泄，则病人性命不保。

温热病出现心阳虚的神识症状，因邪热缠绵，虚实夹杂，很难区分，而章次公尤善辨析识别："热虽不高，而合目有迷蒙状"，"与人问答，有意识者半，不知所云者半，合目则谵语频作"，"终日谵语不休，神烦不宁"，"面色苍然，神气萧索"，"精神萎靡"，"神志时明时昧"，对温热病的神识辨析何等细致入微！

温病见胸痞证者有虚实两端，章次公说："湿温症之闷大别有二：热度高时，心脏不强之闷，其脉多虚弱；热不高亦闷者，营养缺乏居多，仲景称为虚痞。"寥寥数语，道中了辨析胸闷之机的真谛。

此外，章次公认为，诊察热病当苔脉并重。舌苔、舌质、舌形望而得之，比较客观；辨脉则应注意以保护心力为着眼点，随证变法。对湿温汗、润、下三禁不可拘泥，湿温解表，当注重解肌；若素体阴虚，津液亏乏，养阴之法即不可废；湿热宜清宜化，不轻用下法，然邪入阳明，自有可下之时，用之得当，能缩短疗程。

针对热病容易伤阴的特点，章次公常以甘寒（如生地、麦冬）、甘温（如黄芪、党参）并用。出现心衰时，章次公果断采用温阳强心等措施，甚则加附子保护心力。附子因能起沉疴、拯垂危而为历代医家所推崇。古代医家中最善用附子者当推张仲景。章次公为了解附子的药性，不顾生附子的毒性，亲自品尝。多次开方用生附子而被药店退回，他在被退回的处方上再次签名盖上私章，并说明如发生事故本人承担一切责任，这样药店才给予配药。他与附子大家祝味菊、徐小圃常相过从，虚心向同道学习，亦成为使用附子的高手。下面是他的两个成功病例。

一天，小小的诊室抬进来一位患者。患者

高热不退，神志昏迷，不停地说着胡话。家属过于紧张，有些语无伦次。章次公见状，对病人家属细加安抚，最后总算听明白了：这位仲姓患者生病已是第十二天，体温时高时低，每到夜间就昏迷不醒。章次公诊后思忖：此病为湿温化燥化火，伤及气阴，此时正处于邪盛而正衰之期，一方面“其热不退”，一方面“津液、体力俱已亏耗”。发烧倒不足虑，而神志昏蒙、脉来细数实在是危证之象。权衡轻重后，章次公认为此时必须要以扶正为先，于是他处以益气养阴、清热开窍之剂，用黄芪、生地、麦冬、知母、连翘、石斛、石菖蒲等味。5天后二诊，患者服药后，病势转好。章次公再次强调“只有扶持正气，最为紧要”，增入附子振奋阳气，与党参（或高丽参须）相伍，为参附汤，作为挽救心阳欲脱的主剂；并与多味养阴生津之药配合，取阳生阴长之意。服后，病势稳定。三诊时，章次公判断危险期大致过去了，但患者舌边尖红，数日内仍不可大意，乃重申“扶正养阴，两属重要”，以高丽参须、炮附块、细生地、贝母、石斛、黑大豆、麦冬、炙鳖甲、生薏苡仁煎服。四诊，病人基本恢复，不必忧虑了。章次公指出：“可见扶正实为治伤寒之要法。”五诊又郑重指出：“培元扶正，乃不移之法。”该案一、二、三、四诊，均以黄芪、党参、生地、麦冬、石斛等益气养阴药为伍；第五、六、七、八诊，又以附子与上述药物配合应用，借以阴阳两补，这里的扶正就是用来祛邪的。至第九诊“病势渐趋坦途”，方撤去附子。

一位李姓患者，发高烧，脸烧得通红，大便颜色鲜红，整天神志不清，说胡话，生命垂危。章次公诊断，这是湿温最严重的合并症——肠出血。一诊用黄柏、银花炭、马齿苋、滑石等清热整肠，所幸的是清肠见效，患者不再便血；但高热不退，神烦不宁，时见神志不清，面容黄晦，脉搏细数，表示患者正气衰竭，病势凶险。此时再用苦寒香开之药，已经没什么效果了，必须着力扶正强心，保护阳气，顾护阴液。于是章次公下了一着险棋——开出“全真一气汤”，毅然舍病救人，作万一之想。全真一气汤是《冯氏锦囊秘录》方，由熟地、麦冬、白术、牛膝、制附子、人参六味组成，作用是扶正滋阴，摄纳元气。章次公略作加减，改熟地为鲜生地。因为此时患者津液干涸，心脏衰弱，若单用附子强心，则其津液更加干涸；若专滋津液，又对心脏衰弱没有治疗效果。附子与生地同用，双管齐下，心脏既得维持，津液亦不至于干涸，实为两全之策。四诊之后，患者热度退下来了，神志也逐渐清醒。至六诊时体温恢复正常。七诊后基本康复了。

“全真一气汤”是参附汤、生脉散加味，温阳而无升浮之弊，育阴兼有化气之功。治疗湿温重证，只要有心衰迹象，章次公多用“全真一气汤”化裁，高热亦在所不忌，也确能收到热渐退、心脏功能渐复的疗效；若兼有神志昏迷，胡话不已，则加用胆南星、川贝、远志、菖蒲之类，甚则加用紫雪丹，挽救了很多生命垂危的患者。

紫雪丹由石膏、寒水石、滑石、犀角（现已代用）等组成，附子与之同用，可谓是附子与清热药配伍的极致了。治这等危重病候，敢如此用药，足见章次公的胆识，无怪太炎先生有“成之胆识过人”之誉。

然而，温热病用附子非治疗常规，而是权变之法。热病用热药，犹如抱薪救火，难免遭人非议。只要有利于患者，章次公无愧于心。可有些患者因附子燥热而不敢用，章次公便仔细筛选其他药物。他剖析喉科用药六神丸的配伍，认为牛黄不仅有清热解毒、芳香开窍、利痰镇惊之功，还有强心的作用；蟾酥不仅攻毒消肿，辟恶通窍，还有强心、升压、兴奋呼吸的作用；麝香亦具强心回苏之功。故指出：“六神丸并可兴奋心肌与脑神经”，“热病心力衰竭用附、桂则人畏惧之，用六神丸既能强心，又不遭谤”。热病心衰或中毒性休克用之，每奏良效。

崇古不泥　博采众方

章次公提倡“崇古不泥，博采众方”的临床实践。他注意吸取丁、曹二位名师重视实践实证的思想和临床经验，但并不照搬老师的用药模式。他临床用仲景方，用金元四家方，也用叶天士温病派之方，还用民间单方，不拘一格，唯求实效。他不仅对温热病的治疗有独到的见解和丰富的经验，而且对内科杂病及妇科病的治疗也有很深的造诣。章次公临床用药泼辣，处方以“廉、便、验”为特色，疗效十分显著。

章次公治疗胃溃疡制方用药机杼别出，颇多发明。胃溃疡属于中医学的“胃脘痛”，其病变机理有虚实、寒热、气血的不同。章次公在辨证与辨病相结合的同时，重点突出辨病施治。他往往从胃痛是否有节律、是否泛吐酸水、得食是否痛减等方面来判断是否为消化性溃疡。一旦辨明为溃疡病，则表示胃部有了实质变化，即多采用叶天士养胃阴的方法，同时针对性地保护溃疡，止痛、制酸、补中，均以保护溃疡为前提，促使局部病灶恢复。章次公发现，不少胃、十二指肠溃疡病患者舌苔半光剥，多是由于气郁化火、灼伤胃阴或长期使用香燥药所致。香燥药不仅耗伤胃阴，且能导致出血。因此他避开了习俗常用的香燥理气药，创造性地运用大剂量的杏仁等富含油质的药物解痉镇痛，用白螺蛳壳、煅鸡蛋壳、煅瓦楞子、滑石等含有钙质的药物制酸，用象贝、马勃等清热药消炎，以象牙屑、琥珀、五灵脂等化瘀生肌，对病因进行针对性的治疗，并独创治疗胃溃疡的验方：凤凰衣、玉蝴蝶、轻马勃、象贝母、血余炭、琥珀粉，共研细末。此方治疗胃溃疡，辨证与辨病相结合：凤凰衣除善治久咳、咽痛失音外，还可用于溃疡不敛；玉蝴蝶除治咳嗽、喑哑外，又善治肝胃气痛、疮口不敛，其与凤凰衣同用，起协同作用；马勃既能解毒止血，又可疗疮；象贝具有清热泄降、医疮散结之功，对于溃疡病胃痛吞酸，尤为适宜；琥珀化瘀止血疗疮散痈，血余炭消瘀止血，与琥珀同用，治溃疡病出血极佳。全方药仅 6 味，但配伍巧妙。

胃溃疡久治不愈，反复发作，其基底部血管被逐渐侵蚀溃破，从而合并出血，上则吐血，下则便血。章次公根据明代医家缪仲淳“宜行血，不宜止血”、“宜降气，不宜降火”的治血原则，创立了具有降气和胃、消瘀止血作用的治疗胃溃疡出血经验方，象牙屑、琥珀屑、柿饼霜、杏仁霜、煅瓦楞子、灶心土、血余炭共研细末，临床应用屡获佳效。

章次公对痢疾的治疗，在辨证上突破了“红痢属热，白痢属寒”的禁区，认为：“古人有红痢属热，白痢属寒，白属气，而赤属血，其说不可拘；赤痢有用附子者，白痢有用黄连者，前者镇痛，后者消炎，拘泥寒热便不可通。”他主张不论痢、泻，凡早期证实体实者，先予通利，以缩短疗程，提高疗效。喜用大黄，腹痛必佐温药，如附子，这显然受了“治水泻赤白痢方”的启示，该方源自李汝珍章回小说《镜花缘》。书中主人公唐敖得了痢疾，多九公给他几包药末，两服腹泻即愈。其方为：川乌、生大黄、熟大黄、苍术、杏仁、羌活、甘草。一般人看到这儿，也就当故事情节一带而过。章次公不然，他深究该方，觉得其组方颇奇，寒温并用而又甚合理法，有荡涤积垢、导滞散结、止痛安中之效，故临证加减化裁以治痢疾，如将川乌改为附子，其效颇佳，遂名之“通痢散”，作为常用验方。章次公说：“为医者，仲景之书固不可不读，而于历代各家医集，晚近中外科技书籍，以及其他小说笔记之类，凡有关医道者，胥应浏览，识见广邃，而后临证辨证论治，自可左右逢源，得心应手。”他知识面广，勤于思考，善于博采众方，兼收并蓄。

章次公还不拘“痢无止法”的旧说，喜用含有鞣质的药物，这源于张仲景用诃子治“气利”。诃子、乌梅、石榴皮、陈红茶等含有鞣质，过去称为收敛止泻药，现在知道有抗菌作用，章次公的经验得到了科学的证实。章次公对此类药物并非泛泛使用，多与通利药并行，这样组合的方剂，既无攻下太过之弊，又无兜涩留邪之虞，互相调节，非常稳妥。

一翟姓男子患痢疾，肚子疼得时时欲泻，虽肛门重坠却又便不出来。上述症状，张仲景称为后重。章次公用张仲景治热利下重的白头翁汤，用苦寒以坚之，即消炎；同时参用金代名医张洁古治痢下赤白的芍药汤；再取法于金匮排脓散，加用桔梗；另加入民间广为流传的单味治痢良药白槿花；为加强吸附，用炒焦楂曲。处方：黄柏炭、北秦皮、全当归、苦桔梗、香连丸、白槿花、山楂炭、杭白芍、焦六曲。此方斟古酌今，精心锤炼，疗效十分显著。

章次公对于妇科疾患的诊治，同样勤求古训而多有发展。

治疗崩漏，古人有“暴崩宜补，久漏宜通”之说，而章次公另辟蹊径，常通利祛瘀与收涩止漏并举，以止血不留瘀、攻瘀不伤正。在具体运用时，又灵活变通，或以通利祛瘀为主，或以收涩止漏为主，或通涩并重，或先攻瘀血后固摄之，总以切中病机为度。章次公说“固摄中稍加通利最妙”，可谓洞明其中三昧。

一般女科之书均认为月经先期为热，后期为寒。章次公认为，仅就月经先后期不能决定病机的寒热虚实，必须综合分析全身症状，结合经色经量，才能正确诊断。如：董女，月经先期而行，但经色淡如赤豆水，又手足不温。章次公指出，“先期属血热之说不可泥”，而采用温中暖宫、补肝肾、行气血之剂治疗，效果良好。

章次公“考经不正常，恒能引起胃证候”，创造性地运用越鞠丸、平胃散以调经并取得显著疗效。在月经不调的患者中，如果出现不同程度的饮食不消、腹胀、吞酸等胃系症状，章次公好从治胃入手，以达通经之效。

自古有成法无成病，临证如用兵，千变万化，错综复杂。故善诊者，贵在随机应变，运用灵活。章次公治病善于变通，不拘一格。如一位患者，月经停闭，“不攻之……难达通经之目的”；但该患者已流产 3 次，体质十分虚弱，且患有心脏病，攻之又损伤正气，有性命之虞，实在是进退两难。章次公调兵遣将，攻补兼施：一方面用熟地黄、山茱萸、巴戟天、党参等补益强壮；另一方面用牵牛子、三棱、桃仁、红花等攻瘀活血，标本兼顾，不久，患者病就好了。又一位患者，一个月内竟然来了3次月经，叫苦不迭。初诊经色鲜红，量多，于是采用凉血止血剂；二诊时发现此法无效，便改用温经祛瘀止血法，效果非常好，最终以四物汤善后。

此外，章次公对于民间单方草药也着意搜集、验证。他说："经方与单方犹车之两轮。""复方来自单方，复方可用，单方更可用，且由此更可领悟药物之性能。"在其医案中，如马鞭草抗疟、白槿花清肠、陈红茶止痢、蒲公英治胃痛、麻雀煎汤治百日咳、莱菔缨（即萝卜茎叶）治痢疾肠炎、荠菜花治血尿便血、仙鹤草强心、凤尾草治带、苎麻根止血、棉花子补虚止血等等，不胜枚举。

章次公对本草的研究，下过很深的工夫，著有《药物学》4卷，大部分资料被收入《中国药学大辞典》。有些药物的作用，诸家之说难以相互印证，章次公经实践后予以确定。他研究药物，除了参考历代本草著作外，还参阅仲景原著以及《千金方》、《外台方》和宋人方书，并深入探索前贤在用药上的不传之秘。如柴胡，他认为其主要功用有三，祛瘀、解热、泄下，与张洁古、李东垣、叶天士“升阳劫阴”之说有异。他不拘“葛根耗胃汁”的传统说法，用于解热，其用量曾达 30g 之多。使用望江南治热病便秘，证明其作用缓和可靠。用紫花地丁治温热病，取其能排泄毒素。凡此引申扩展，予人尤多启迪。章次公敢于疑古，对诸本草所载有疑惑之处，每每据自己的实践，大胆质疑，获取新知。如传统认为人参、五灵脂同用为“十九畏”之一，而气虚血瘀证用人参、五灵脂的机会很多。他经长期观察，证实二味同用并无任何副作用，而有相得益彰之功。

章次公在用药上有独到之处，最拿手的是用虫类药物治病。

虫类的药用，已有数千年历史。《伤寒》、

《金匮》开其先，《肘后》、《千金》、《外台》、《本事》继之，其后叶天士、张锡纯、恽铁樵等都是善用虫类药者。虫类药为血肉有情之品，生物活性强，具有攻坚破积、活血祛瘀、息风定痉、宣风泻热、搜风解毒、行气消胀、壮阳益肾、消痈散肿、收敛生肌以及补益培本等十大功用，具有其他药物不能替代的作用。章次公治疗内、妇科杂病，常用虫类药入复方，以增强疗效。他每于补益肝肾、疏利气血、温阳通络、祛风逐湿之余，配合虫类药物，利用其飞灵走动、搜剔入络的特性，以治疗病痹日久的顽疾。如痹证用全蝎、蜈蚣、蕲蛇、地鳖虫、蜂房等以宣痹定痛；肝硬化用蟋蟀、蝼蛄、地鳖虫；神经性头痛用全蝎、蜈蚣、僵蚕等。又蜈蚣、全蝎走窜以祛风通络，其中全蝎有良好的止痛功能，治风湿病疗效卓著；治中风用僵蚕、蝎尾息风通络；治咳嗽用地龙清热解痉；治胃脘痛用九香虫理气止痛；治痿证用蜘蛛、地鳖虫、地龙活血祛瘀止痛；治肿胀用蟋蟀、蝼蛄通便利水；治痛经用全蝎、五灵脂止痛；治月经不调用地鳖虫、虻虫消瘀散结，或用大黄虫丸，等等。虫类药作用峻猛，具有一定的毒性，既可护身，亦可伤身，故使用时特别要讲求配伍的精妙。

章次公长于用大剂量虫类药治疗头风痛。尤其对久病头痛，本虚标实，指出了虚实互参、标本兼顾的治疗方法。如王姓患者，头痛整整10年，痛起来没规律，痛得厉害了甚至不停地呕吐，整夜无法入睡，极为痛苦。章次公认为："治风当先治血，血行风自灭，古有明训，但追风通络之品，仍不可少。"故用药上除以当归、黄芪、天麻、枣仁、枸杞等补血养营之外，还用熟附子、川芎、藁本、蜈蚣、全蝎等搜风通络，温阳升清，以收虚实兼顾、标本兼治之效。

章次公治疗坐骨神经痛的验方"坐骨丸"由党参、当归、木瓜、延胡索、甘草、续断、全蝎、落得打、甘松、蜈蚣、蜂房组成，研末炼蜜为丸。

治疗腹部水胀。如邵女，在南京诊断为慢性肝炎，求诊时腹部胀满，肝区隐隐作痛，吃饭还行，但大便不畅通，小便很少，而且经常头晕，晕得站都站不稳，总要摔倒。舌淡，脉弦细。章次公针对正虚邪实，采用攻补兼施之法，立法消肿通络，补益肝肾。方用地鳖虫、蜣螂攻坚散结；蝼蛄、将军干（即蟋蟀）行水通便，配合五灵脂、广郁金、姜黄、三七、当归、山甲祛瘀止痛；黑丑泻水消肿；地龙咸寒降泄，又善走窜，可清热通络利尿；再用黄芪、枸杞、五味、鳖甲等益气、补肝肾、软坚，取得很好的疗效。

章次公选择虫类药治小儿惊风颇具特色。如曾治小儿陈宝宝，惊厥，头向后倾，右腿屈伸不利，两手时时抽搐，瞳孔反应消失。西医诊为结核性脑膜炎，先后注射链霉素 50 瓶无效，预后堪虑。章次公处方：炮附块、党参、白术、云苓、僵蚕、蝎尾、天麻、远志、清炙草。虫药僵蚕，既能平息内风以解痉，又能祛除外风以散风热，具有化痰散结效能；配蝎尾、天麻以平肝息风而止抽搐，蝎尾息风力强，有显著镇痉功效，且有较强解毒作用。就这样，“瞳孔反应消失”、“注射链霉素50瓶无效，预后堪虑”的陈宝宝，被章次公从生死线上拉回来了。章次公治疗小儿惊风，常用虫药为地龙、僵蚕、蝎尾。

现代药理研究证实，全蝎、蜈蚣、白僵蚕均有明显的镇静、抗惊厥作用；全蝎具有显著的镇痛作用，并能够抗血栓形成；蜈蚣能够扩张血管；白僵蚕对血小板聚集有抑制作用，能促进血浆凝块完全溶解，表现出较强的抗纤溶活性；地鳖虫能显著地抑制血小板聚集性和黏附率、抗血栓形成；蜂房对慢性疼痛有明显抑制作用。

章次公从大量实践中，积累了宝贵的经验，对现代虫类药的广泛使用，起到了推动引导的作用。后其门人朱良春潜心研究虫类药物数十年，拟定“益肾蠲痹丸”、“复肝散”等名方，并著《虫类药的应用》一书，使其师之学得以继承和发扬。

衷中参西　革故鼎新

章次公富有革新创造精神，不厚古薄今，勇于吸收新知，积极进取，提出对中医学理论要加以整理和提高。在20世纪上半叶，面对中西医并存的局面，章次公提倡中西医结合，对中医应“舍似存真”，要“发皇古义，融会新知”。“发皇古义”即重视经典著作，研究探索和阐明中医传统理论精髓，并使之发扬光大，很好地传承下去；“融会新知”则是在继承的基础上，不断吸收新的知识、新兴学科之长（包括现代医学检测手段）而加以融合，为我所用。“发皇古义，融会新知”是章次公一生所奉行的治学理念与事业宗旨。

针对当时中西医相互攻击的状况，章次公曾感慨道："中西医如果依旧深划鸿沟，相互攻短，那无疑是开倒车，阻碍医学的发展。"他曾经这样比较过中西医："中医的诊断，有些地方不及西医，但也有其突出之处。不但诊断如此，中医的一切都是从综合、整体着眼，不同于西方医学片面地过于重视局部的变化。如果既从整体着眼，又注意局部的病灶，则辨证论治当更为精切，更接近于了解事物的本质。"他认为中医治病以四诊八纲、辨证论治为主，从整体着眼，这是中医的特长，如能运用现代科学的诊断方法，加强对疾病的认识，那就更加完善，也只有这样，才能更好地发扬中医学的长处，从而提高疗效。

1928年，章次公在任上海世界红十字会医院中医部主任时，与当时的西医部主任、留德医学博士李邦政合作融洽。他遇到疑难病例，常请李邦政博士会诊，或进一步作放射、化验检查，以明确诊断。此间他还结识了西医邓源和、胡嘉言、陈端白等，他们时相切磋，推心置腹。学生回忆："他不像当时的中医那样对西医完全抱敌视态度。他提出，两者是可以相互融合、相互汲取的。这观点我们当时听起来觉得很新鲜。我们这些学生接受新观点还是很容易的，这观念直到今天还深植于我的心里。"20世纪30年代末，他挑选病人作为示教病例，并邀请李邦政博士于晚间来诊所里为他的学生讲授物理诊断，如叩诊、听诊等，还讲授化验诊断、西医内科学等，他从中学到不少西医知识，并撰写了《中西医学名词对照》的论文。章次公亦撰文，说自己既"追随陆渊雷、徐衡之两先生问业于余杭章太炎先生之门，倡言中医改进"，又"与西医中积学之士何云鹤等上下议论，反复研讨"。他认为中西医学的理论体系虽然不同，而其研究对象、目的是完全一致的，那就是防病治病，增进人类健康。无论是中医还是西医，都是人类同疾病进行不懈斗争的经验总结和智慧结晶。发展中医须参合现代医学理论，取长补短，西医在诊断与鉴别诊断上注重实据，确有独到之处，应该取“拿来主义”，为我所用，中西融会之。当然，“欲求融合，必求我之卓然自立”，要坚持中医特色，不可全盘西化。

1945年，章次公长子鸿慈就读教会学校，其校美国顾问惠思特小姐的好友发高烧，请章次公会诊。章次公作出了“登革热”的正确诊断和治疗，一向看不起中医的这位洋人佩服地说：“中国医药真了不起!”

章次公常将中西医学理论在医案中合并讨论，对中西医理论进行印证与沟通，提出许多自己的看法。其立论超脱不凡，从形式到内容都体现了“发皇古义”、“融会新知”的积极探索。如：

徐男，胃酸过多之原因甚繁，因拂逆而起

者属神经性，古人所谓肝气犯胃；受寒而起者属消化不良，古人称为胃寒。胃溃疡亦有胃酸过多，其溃疡即因胃酸过多而起者。胃分泌不正常，则因胃之实质变化。凡胃酸过多，对症疗法多用钙剂中和之。原因及疗法：消化不良者如吴茱萸汤；肝气拂逆者如逍遥散、一贯煎；胃溃疡者当保护胃黏膜，如吸着剂旋覆代赭汤、独圣散之滑石。胃酸不足亦能吞酸者，以上诸法皆无效，受寒则泛泛有酸意而大便溏、腹痛，不受寒则否，所谓一时性之胃酸过多。

桑男，舌中剥，其剥在舌根，大多胃黏膜有炎症或溃疡。平素嗜酒，病之主因也。此番因拂逆，上膈隐痛，似痉挛状，其痛彻背。加味金铃子散予之。

如此中西合璧的医案，出现在20世纪三四十年代，可谓“开风气之先”。章次公能将中西医学说融会贯通，为我所用，确为中医界不可多得的优秀人物。

在大量实践的基础上，章次公主张临床运用中医之四诊、八纲，辨证论治，兼采现代科学诊断手段，尽可能做到“双重诊断，一重治疗”。“双重诊断”，即中医的诊断和西医的诊断。中医在诊断上，固然要“辨病”，但更重要的是“辨证”，“双重诊断”就是要求把中医的辨证与西医的辨病结合起来，治疗上相应地也要把“治病”、“治证”结合起来，疗效就可能会比单一的辨证用药好。“一重治疗”即重视中医治疗。千方百计发掘、发现、发挥方药、针灸之长，而不是简单地“中药加西药”。从中医自身体系看，“病”与“症”是统一的；而从西医诊断角度看，“病”与“症”呈现一种错综复杂的局面。西医依靠现代科学技术，依靠各种医疗器械做出的诊断科学而可信，这种诊断对于中医的治疗显然很有价值。在中医辨证的基础上重视西医的“病”，这对于中西医的结合，对于识病、治病的深化都是一条十分重要的探索之路。章次公提出辨证与辨病的结合具有重要的指导意义。

一吴姓女患者，月经先期与带下味腥，伴有四肢麻木、腱反射减低等。辨证属于湿热下注，兼有血虚。月经先期与带下味腥，章次公认为源于子宫内膜炎症，采用苦参、白芷、象贝、赤豆清热利湿消炎，肢麻则用怀牛膝、宣木瓜、北细辛等。“子宫内膜炎症”是西医诊断，“月经先期”为中医诊断，治疗以中药为主，体现了他“双重诊断、一重治疗”的思维方法。

中西合璧阐释病机的思路与具体临证经验，在章次公医案中随处可见。如，“大叶性肺炎，痰有铁锈色，系肺循环郁血故也”，进而推论，“麻黄所以为此症之主药，即因其能亢进血压，消失郁血之故也”；“物质属血，功能属气”；“心包者，实指中枢神经也”；“宣肺药多是祛痰剂，肃肺药多是镇咳剂”；“月经之生理虽在卵巢，亦受神经之支配，古人调经多用疏肝，意在调节神经”；“凡痛与带下，总是炎症”；“古人以经之生理属之冲任，现代则属之内分泌、卵巢理论”；“经先期者反量多，多属于卵巢黄体之变化”；等等。

章次公采取中西汇通的总体治疗思路治疗闭经，每收显效。如在治朱女案中分析停经之因时说：“一是由于内分泌障碍；二是营养不如所需；三是神经系之变化。而第三者为最普遍，即《内经》所谓‘二阳之病’。”二诊时又进一步指出：“室女停经，萎黄病、子宫结核、内分泌障碍病，皆可从望、切两诊得之；唯神经系之变化，则少迹象可寻。”认为闭经之证分实质性病变和精神性病变，实质性病变往往能通过望、切诊断，精神性病变则不易察出。同时指出，精神性闭经最为普遍。

章次公用药，多参用西理，注重实效，不落俗套，别具一格。章次公认为，收涩止血药有凝固血液的作用，而活血化瘀药往往有收缩子宫的作用，两者常合并使用。益母草配瞿麦穗是章次公祛瘀生新、收缩子宫的常用对药。章次公用麻醉之法止血别具特色。罂粟壳本是固涩药，现代药理研究证明其有麻醉、镇静作用，章次公提出，“麻醉亦能止血，镇静其血管，使血行不致过速”，别具新意。再如麻黄、羌活本为解表之品，而章次公用之镇痛，解除子宫痉挛，可谓独有创意。

章次公还热情帮助西医学习中医，积极带徒，言传身教，诲人不倦，一丝不苟，为培养西学中人才，为贯彻中西医结合政策作出了有益的贡献。

平民医生 淡泊名利

章次公一生不好名利，对荣辱恩宠处之淡然。“无欲无求，先发大慈恻隐之心，誓愿普救含灵之苦。”有大医精诚气概。章次公曾赠高徒朱良春一枚印章，上刻“儿女性情，英雄肝胆，神仙手眼，菩萨心肠”，并叮嘱：“这四句话是做一个好医生的必具原则，要遵而行之。”他自己也在身体力行。在他的行医生涯中，不论高官还是百姓，无论富贵者还是贫穷者，他都一视同仁，始终与平民打交道，故身为名医而素有“平民医生”之誉。

章次公诊所设在上海菜市路（今顺昌路），门上钉蓝底白字“章次公寓五七号”小牌。一楼作诊室，二楼居住。每日上午 8 至 9 时，专为贫困病人施诊给药，之后直到下午看挂号门诊，晚上则坐自家三轮车出诊。诊毕将三轮车收到诊所内，白天则“请”到弄堂里。除非自己卧病，章次公没有休息日。章次公理平顶发式，身着淡蓝竹布长衫，坐在太师椅上，没有架子，让人感到亲切。诊室两侧的条凳上坐满了候诊的病人。

章次公不是有钱的人，却乐于助人。他说：“人生最苦者莫过于贫病交迫，我想救人才去学医；如想发财，不是可以做商人吗?”遇到生活贫困的病人，章次公非但退还诊金，还免费赠药。拿着签有他名字的药方到指定药店去配药，无需花一分钱，年终由他派专人与药店结算，付清药款。年老体弱无人扶持的病人，他就叫学生帮忙去取药。赤贫者还酌情给以生活帮助，一掷多金毫无吝色。患重病而不能起床就诊的贫民请他出诊，邀之即去，不收诊费。章次公言传身教，教导学生对待病人要有爱心和诚信，做一名好医生必须德才兼备。

有时住进西医院的病人请章次公出诊，章次公便佯称是患者的友人，暗中号脉开方。家属将煎好的汤药，以送饭菜名义让患者服用。一次病人服汤药后病情好转很快，院方产生疑问，病人家属才说出实情。

每诊病人，章次公必细加问诊，慎重处方。学生实习时，看到一张方子中柴胡用量超过常量甚多，章次公深恐药铺不能照处方配药，特在处方上加注道："此证柴胡用，并非笔误。"并盖上自己的印章。他对工作如此认真、严谨，生活中却不拘小节。出诊前找礼帽，发现在几案下，弯腰捡起，帽檐上布满灰尘，他掸都不掸，欣然戴上就走。学生王玉润回忆他上课的情景："突然，教室里爆发出一阵大笑，原来章先生边说边写，不一会儿一块黑板就被他写满了，他就用长衫的袖管去擦黑板。我们笑，他也跟着憨笑，一个袖管上涂满了粉笔灰，他又换了个袖管，引得同学们又禁不住大笑起来。不过，这以后再见他这样，我们也就习以为常了。”

对章次公的平民情结学生们印象很深。王玉润说：“章先生对贫者的同情之心也深深打动了我们。他以后给我们讲药物时，总是以设身处地为穷人着想为前提……他在黑板上写的另外三个字也一直深深镌刻在我的脑子里：‘验、便、廉’。章先生解释说：‘验是指药有实效，药到病除；便是指取材便利，服用方便；廉是指药价低廉，尽量减轻病家的负担。’以后，我跟着章先生在家门诊或出诊时，对此就更有体会了。他用山楂炭研粉给人治腹泻，一治就灵。他曾用一味蚕茧治愈了一小孩的多尿症。他还用马齿苋治痢，用天竺子镇咳，用紫花地丁敷疮疖。他说，这些药材在农村到处可见，取用方便，效果也都很好。章先生一直在纠正我们

（有时也包括病人）脑子里‘好药不贱，药少不灵’的错觉。”

章次公常用“弟子不必不如师”激励后学。他关心学生的学习、生活，可谓无微不至。弟子范行准，勤奋好学。30 年代学成在沪开业之初，却门可罗雀，常无隔夜之粮。他耻于求人，万不得已到章师处告急，可又难于启齿。章师和师母察觉后，主动问其近况，给予帮助。如是几次后，范行准实在不好意思再去了。一次寒冬腊月，章次公回家途中邂逅弟子，见其穷困潦倒，立刻遍翻衣袋周济，孰料身无分文，于是二话不说，将自己身穿的一件新裘皮长袍脱下，嘱其拿去典当抵押以救急，自己则只穿罩皮袍的单薄长衫。望着老师在寒风中瑟缩的背影，范行准潸然泪下。章次公为了让范行准潜心于中医史的研究，长期负担了范行准一家的生活费用。又如门人姚守诚，从师抄方之初，受到章师“以善书冠其曹”的奖誉。后因工作、学习忙而疏于练字，章次公特多方寻访，终于觅得《七姬权厝志》，赠其临摹，并题词勉励“一年不懈，定能猛进”。

章次公喜书，友人至其寓所，只见室如悬磬——屋子里一无所有，就像是悬挂着的石磬，四周空荡无物——唯书籍颇丰。章次公喜欢逛旧书店，喜欢买书，也喜欢送书。他床头上挂的是自书前人诗句：“书似青山常乱叠，灯如红豆最相思。”常常是一卷在手，废寝忘食。他阅读文章很杂。每天只知读书、诊病，对家庭事务及社会应酬很少过问，连换衣服、理发、沐浴均由夫人戴福珍妥为安排。章次公诊所病人不少，但由于所收诊金低廉，还常为贫病者代付药费，故清风明月，无所积蓄。一天强盗以治病为名到诊所向章次公要钱，章夫人随手把一串钥匙给了强盗：“你们要什么就拿什么！”这帮人翻了个遍，没什么可拿的，悻悻离去。抗战期间，上海沦为孤岛，避难来沪的亲友，到章次公诊所求“三餐一宿”，章次公从不拒绝。诊所就像一个避难所，夜深时桌上睡的是人，桌下躺的也是人，他遂有“贫孟尝”之称。为周济潦倒的友人、同乡、学生，章次公每须至当铺典质，夫人亦毫无怨言。章师母慈母般地关心、照顾着章门弟子。章氏夫妇宅心仁厚，朴实、善良的家风和平民情怀深深地影响着他的学生们。

1937年8月13日，日军进攻上海。上海守军在上海人民积极支援下奋起抵抗。章次公参加了红十字会组织的营救难民活动。那些难民破衣烂衫，鲜血淋漓，疮脓横流，挤在一块儿气味难闻。章次公不怕脏，不怕臭，认真地给他们诊治用药。一天看几百人，给他当助手的学生都累坏了。章次公回到家，累得鞋也不脱就躺倒在床上，夫人急得直嚷嚷，他却诙谐地笑着说：“脱了鞋睡觉，明天还得穿，多麻烦！”

上海沦陷后，章次公一家生活窘迫：一日三餐都是菜稀饭；8岁的鸿慈跟着10岁的二姐去排队买配给米，秩序混乱，米没买到，钱也挤丢了；后来老七出生时，正值其母生病住院，没钱买奶制品，外婆只好用米汤喂养。日伪机构欲委以重职，高薪聘用，并发给戒严时亦可通行的特殊通行证，被章次公严词拒绝："宁可全家饿死，也不当汉奸！"他还资助几位热血青年奔赴前线参加抗战，在民族危难之际，表现出中国知识分子的高尚气节。

抗战胜利后，苏北解放区缺乏药材，章次公让夫人将脱脂棉和消炎药藏到长棉袍里缝好，其弟约了几个人，穿着这种棉袍，冒着生命危险，跑单帮将药送到解放区。

章次公平易近人。在上海市公费医疗第五门诊部工作时，他有专用的高级干部诊疗室。对待病人，无论是高级首长，或是勤杂人员，他均一视同仁。常利用午间休息时间，为平民百姓看病，还进行随访。到北京后，一次外出会诊，章次公发现卫生部派来的专车司机换人了，询问后方知原来的司机病了。他马上说，等我们会诊回来，就去看望他。司机们非常感动。

奇人奇药　难得高士

1949年5月以后，章次公诊务较前更为繁忙，收入丰厚。1952年11月他除参加私人门诊外，还任上海市卫生局公费医疗第五门诊部特约医生，兼任位于无锡太湖畔的华东干部疗养院的特约医生，每周去一次，在两处均为高级干部诊病。

中央卫生部某副部长在上海听到了有关章次公的种种传奇，便到其诊所考察，观察了一个月，认为章次公医道高深，医术高明，堪当重任。因此，他回到北京之后，积极运作，调章次公进京。章次公看到共产党颁布的各项政策的正确实施，特别是中医政策的贯彻执行，因此，决定放弃个人优厚的收入，进京去为中医事业贡献自己的力量。1955 年 11 月，他来到北京，职务是卫生部中医顾问、中国医学科学院院务委员、中南海保健医生。

章次公到京，正赶上中央人民政府秘书长林伯渠患重病诊治。林老患前列腺肥大症，尿流不畅，前列腺摘除术后发生呃逆，呃逆逐渐加重，持续时间也在加长，每日呃逆次数曾多至 20 余次，最长延续时间达 90 分钟。在呃逆发作最高峰时，每日睡眠仅三四小时，并伴有呕吐。在呃逆发作的第十日，呕吐物及大便呈黑色，潜血试验阳性，后症状不断加重。中西名医与苏联专家悉心会诊与治疗，但西药、中药、针灸均无效。林老已 69 岁高龄，久病体衰，既不能进食，也无法休息和睡眠，诸医束手，下过两次病危通知，周恩来总理十分焦急。呃逆延续 1 个月左右时，有人建议召开中西医专家组大会诊，周恩来总理同意。卫生部派出秦伯未、徐衡之、章次公等为中医专家组成员。白天他们察看了林老的病情，当天深夜，周恩来总理亲自主持会诊。会场气氛凝重，专家们一言不发，总理急得在会议室内走来走去，突然站住，焦虑地说：难道林老就没救了吗？此时，一个声音缓缓说道：林老的病没有想象的那么严重。话音未落，总理问秘书：此人是谁？知道是新来的卫生部顾问章次公，便问：根据什么？章次公答：从四诊分析，神不散，气不竭，脉不乱。总理又问：怎么治？章次公说：呃逆不止，是由于胃气上逆。脾主升，胃主降。脾主运化，输布精微；胃主受纳，腐熟水谷。今胃气久虚，升降失常，呃逆频作，水谷不进，后天之本已衰。当务之急是养其胃气，恢复和增强胃的功能。但光靠镇逆不行，需扶其正气，徐徐调之。周恩来总理当即指示立即成立中医抢救小组负责救治，组长为章次公，组员由章次公选定，于是当天参加会诊的中医都成为组员。

章次公成竹在胸，拟方用一味大剂量野山参炖汁，少量频服。开出方子之后，他守候在病床边。林伯渠不能口服，一服即呕吐。大剂量野山参煎好后，章次公让护士用棉球蘸上参汤，对着林伯渠的嘴挤，一滴一滴地喂，喂喂停停。随着参汤一滴一滴地渗进，林老呃逆逐渐减轻，竟然睡着了。总理大喜过望。章次公又嘱用新糯米煨稀粥。众人惊异：这样不吃不喝多日的老年垂危病人，还能喝粥？孰料林伯渠睡了一天一夜，醒后长出一口气，说：我饿！章次公让护士赶紧把熬好的稀饭上边的米汤，舀来喂他。此时病人胃气过弱，米粒是不可入口的。参汤、米汤交替着喂下去，林伯渠又渐渐地睡着了。两天后病人开始吃稀饭。不久，逐渐康复。

“简直是奇迹！”人们小声议论着。让人感到不可思议的是，在治疗开始不久，章次公就断定林伯渠将会产生饥饿感，早早备下新米汤，真是料事如神！后人评之曰：“糯米粥，黏而持久，味淡而平和，与人亲和性强，极妙。章老善思，功力久积。”真是奇人，奇药，奇效！这个奇迹正是在博大精深的中医辨证论治扶正祛邪的理论下取得的，扶正才能祛邪。

周总理命卫生部组织病案讨论，以汲取教益。孰料讨论会变成了中西医争功会，主持者只得暂时休会，向总理汇报。总理放下手边的工作，赶到会场，听取扼要汇报后，沉吟良久，他环视会场，目光扫过每一个人，语重心长地说：中医好！喜悦浮现在中医们的脸上；周总理稍作停顿，又说：西医也好！西医的脸上顿时春暖花开；周总理紧接着说出第三句话：中西医结合更好！大家热烈鼓掌。会议结束前，周总理单独接见了章次公，给予鼓励。

此后找章次公会诊的病例日益增多，整日乏暇。星期天，他所居住的卫生部宿舍大院门口小汽车排成队，这引起了所属新街口派出所的高度关注。民警发现车号都是军政高级首长的，大惊，立即向所长汇报。当所长了解到首长们是来找住在这儿的老中医章次公看病，立即决定：每星期天在宿舍大院周围，加派便衣警察暗岗做好安保工作。

中央办公厅一位秘书高烧不退，经西医治疗无效，吃了章次公开的几剂汤药，高热逐渐下降而痊愈。一天闲谈时这位秘书对毛泽东主席说：卫生部最近来了位老中医章老，那医术可绝了！几副汤药把我的高烧治好了，现在我真的信服中医了。毛泽东主席高兴地说：我早对你们讲过，中医不比西医差嘛，你们还不信。等我身体不好，也请章老看看。过了几天，毛主席感到身体不适，秘书把章次公请去，将他引进主席的办公室。见主席正埋头批阅着什么，章次公示意秘书不要报告，自己坐在一旁的沙发上静静等候。过了一会儿，主席放下笔，抬头见一个穿干部制服的人坐着，就问：卫生部的章老来了没有？章次公连忙站起回答：我就是卫生部的章次公，奉召前来给您看病。主席大感意外，怎么也没想到他就是自己要请的章老，上下打量一番：你还不老呀，年纪也没有我大，怎么称章老呢？我可不喜欢人家称我毛老。哈哈哈……主席的平易、随和消除了章次公的拘谨，说：部里的人都这样称呼我，我也没有办法去阻止他们。在另一次章次公给毛主席诊治完毕，毛主席还提出要与章次公和诗作词。

河北省卫生厅厅长段慧轩是位高年资西医，患慢性胃病，看中医虽有小效，却未奏大功，转请章次公诊治。章次公详为四诊，询问治疗过程后，笑笑说：原来的诊断无误，立法、处方、遣药亦切中肯綮，效果之所以不大，是进补的剂型、服药方法欠妥。厅长年高，脏腑薄弱，胃消化动力缺乏，而日进参汤、中西药物，一日三餐，胃中几无宁时。《内经》曰：“胃满则肠虚，肠满则胃虚”，“脾喜燥而恶湿”。他建议将参汤改为参粉，装入胶囊，每服3～4粒，以少量水送之；原用中药香砂六君子汤宜煎后浓缩，再微温分服，则量少力专而效宏；一日三餐，宜食馒头、面包之类，不宜尽用流质食物，或少量多餐，以减轻胃的负担。如此可纳化健旺，其消化功能自能恢复。另注意节食肥甘厚味及饮料。众人听罢，连赞高明：用药不变，仅调整剂型和服法，即可取得显效，这真是点石成金啊！

毛主席当时正在考虑中医问题，让周恩来总理介绍一位有学识的中医人士来叙谈。总理推荐了章次公，由卫生部安排会见。卫生部党组书记、副部长徐运北找到章次公，说：“章老，你明天就不要上班了，好好休息一下，明天晚上有活动。”

次日晚六点，徐运北的车来了，章次公以

为是参加重要的会诊，拿起出诊包上了车。车子开进中南海，慢慢驶进毛泽东主席的住地，临下车，徐部长才凑过来小声说："主席要和你谈谈中医问题。"章次公心里咯噔一下，有些紧张，这太突然了。

毛主席博学多识，阅读过很多中医古籍，其对中医的熟悉程度，对中医学术的精辟见解，章次公未曾想到。他们从章太炎谈到鲁迅，从中医学术源流谈到文史哲，谈古论今，天马行空，纵横驰骋。章次公聆听着毛主席的谈话，也尽力回答着主席的各种问题。

尽管中医药教育长期以来以"祖传师承"、"开办学校"两种方式在民间延续着，但1922年北洋政府时期颁布施行教育系列方案时，中医药学就被排斥于正规教育体系之外；南京国民政府卫生部第一届中央卫生委员会1929年通过了余云岫提出的《废止旧医以扫除医事卫生之障碍案》，引发了举国抗争；1936年又提出

“国医在科学上无根据”，一律不许执业的谬论，中医备受歧视，中医教育陷入了绝境。中华人民共和国成立后，政府实行团结新老中西医的政策，让西医学习中医，中医进医院，中医办研究院，办国家的中医学院，这是多少中医前辈梦寐以求的啊！现在，国家最高领导人在倾听自己——一名普通中医对中医工作的意见，与旧时相比，真是天壤之别！章次公感慨万千，心潮澎湃。夜间 12 点，毛主席要进夜宵——稀饭、窝头和酱菜，章次公忙起身告退。但是，毛主席谈兴正浓，邀他一起用餐，说：我要同你多谈一谈，章先生乃难得之高士也！

章次公说：主席过奖了，次公不敢当！主席让他坐下，于是章次公旁征博引，继续侃侃而谈。这一谈，就谈到了清晨 6 点。作为国家最高领导人的毛泽东主席，与一位中医竟然彻夜长谈达 10 个小时，这真是绝无仅有！

也许，章次公渊博的学识，超强的记忆，

独特的见解，加之两人共同的烟瘾，使他们忘记了彼此的身份，忘记了时间，忘记了疲劳。此后不久，兴犹未尽的毛主席，再次邀请章次公谈了一个晚上。

两次谈话没有记录，事后也没有发什么文件。章次公为人质朴，从不自炫，更守纪律，不肯公开谈话的内容，只是在与高徒朱良春交谈时，偶尔提到一些片段。毛主席与中医学家章次公的谈话，永远地成了一个历史之谜。或许，这次谈话影响了毛主席对于中医的一些看法，在他本来就重视中医的思想观念上，又加深了些许印象。1958 年 10 月，毛主席在《卫生部关于第一届西医学习中医班的总结报告》上批示："中国医药学是一个伟大的宝库，应当努力发掘，加以提高。"毛主席指示各级党组织都要重视西医学习中医的工作，指出："这是一件大事，不可等闲视之。"把中医工作、西医学习中医的工作提高到前所未有的高度。毛主席还说："中国应当对于世界有较大的贡献，我看中医是一项。"作为一个具有远见卓识的政治家，毛主席写这些话的时候，有没有受到章次公与他谈话的影响呢？

后来，章次公曾多次为毛主席看病。毛主席送他一盒人参，章次公十分珍惜。

学术争鸣　遭遇挫折

作为卫生部中医顾问，章次公对中医药改革提了不少建设性意见，毛泽东主席两次与他彻夜长谈中医学术问题，对他启发颇大。他认为振兴中医是时候了，应该同心协力，共振大业。

章次公通过思索与毛泽东主席的谈话，觉得自己有责任把中医的研究推向深入，因此，在有关人士的鼓动下，写了一篇《从太炎先生"论中医与五行说"谈起》的文章，发表在《新中医药》1956 年第七卷第十期上。该文引用章太炎以及其他著名学者对五行的见解，进而论述五行与医学的关系，认为中医学自有它精深独到之处，绝不仅仅在于五行生克的理论方面。这篇商榷性文章发表后，引发了一场关于如何看待中医理论的激烈论争。

学术争鸣本是好事，然而让章次公始料未及的是，这场论争由学术争鸣转而上纲为政治问题，甚至有人提出要撤销其卫生部中医顾问职务，他受到不公正的批评，违心地在《健康报》上写了检讨短文。在周恩来总理和卫生部领导的关怀下，此争妥善解决，章次公与卫生部其他 10 人被分组送进卫生部组织的自学马列主义小组学习。

这一去就是 4 个月，周一报到，周六回家，每天面前摆着马列著作、毛泽东选集。无人过问他的学习结果，也没有人到他的房间去看看。他从来没有这样清闲过，从来没有这样寂寞过，他陷入了空前的苦闷。往事如烟，他不禁回想起当年创办上海国医学院，以“发皇古义，融会新知”为院训，一直坚持继承与创新并重，保持中医特色，走自己的路，希望对中医发展有所裨益。又想起两年前，他舍弃了他熟悉的生活环境，舍弃了丰厚的收入，毅然北上，正如在给弟子朱良春的信中所说：“不远千里，来到京师，所为何求？此番甘冒天下之大不韪，也无非想‘得其所求’而已。”忧国忧医之心，跃然纸上。

章次公不盲从，不迷信，实事求是，追求真理。他曾说：“吾人生当科学昌明之世，但问其学说之是非，不问其人在历史上的地位为何。苟仲景学说有悖科学，则其罪当与庸医同科；若铃医有一方之效足述，则亦位与仲景同等，当以科学之尺度衡量之，然后始有持平之论。”可见其胸中毫无成见，纯以事实为根据，认为对中医学只有去伪存真，去粗取精地加以继承，才能进一步发扬光大。他对五行学说一直有自己的看法。在1940年，他的这种观点一经提出，就受到一些人的责难，被骂成是中医界的

“叛徒”。他泰然处之，并在日记中写道：“余闻善言天者必有验于人，善言古者必有合于今，善言人者必有厌于己。我自己承认是中医界的叛徒，但叛徒的造成还是黄帝启示我的，你看这三句话不是极合理的吗?”

对此次争鸣，章次公在致门人俞志鸿医师函中说：“上海同道对我的看法毫不足怪，写阳湖赵翼一首诗给你留念。‘双眼全凭自主张，纷纷艺苑说雌黄。矮人看戏何曾见，都是随人道短长!’（论诗五首之一）”从中不难看出他的不平情绪，也不难看出他不愿“随人道短长”的衷曲。

1957年岁末，数九寒冬，朱良春趁赴京开会之机，特去探望逆境中的恩师。意外地见到爱徒，坐在火盆旁看书的章次公愣住了，自从他住进这个房间，从来没人造访过他！他眼睛湿润，快步迎上前去，紧紧抱住朱良春说：“难得老弟来看我，我很激动!”他喃喃地不停地重复着这句话。落座后，朱良春发现恩师老多了，虽面带笑容，但神情委顿，面色晦滞，一望而知情绪低落，夜难入寐，食不甘味。学习班住处是座王府，位于北京东城区锡拉胡同，高大、宽敞的房间内摆着一张床、一张书桌、两把椅子，十分空旷；室内光线幽暗，一盆炭火时明时暗，不由使人产生"凄神寒骨，悄怆幽邃"之感。师徒俩在这间屋子里促膝交谈，房间好像温暖了不少，也亮堂了许多……

1958年初春的一天，周恩来总理忽然问：怎么最近见不到章次公先生了？他在忙什么呢？听了有关人员的汇报，周恩来总理说，学术问题嘛，不是政治问题，不要搞这种形式。因此，章次公又获得了工作的机会，获得了为人民解除病痛的权利。周恩来总理还殷切垂询：章大夫何以私人不带徒弟？太可惜了！

章次公回到卫生部，将工作重点转到北京医院。1958年7月，北京医院正式建立中医科，章次公仍为卫生部中医顾问，兼任中医科首任主任，侧重于高干保健及会诊。为便于授徒及有更多时间为患者服务，他周一至周五晚都不回家，住在医院，日夜为高干及部分重病的平民患者进行会诊，救治了不少危急疑难病人，有时甚至星期天也不休息。其关门弟子刘沈秋常于晚饭后到章师宿舍，聆听章师结合病案分析讲解历代医家不同论述、医林典故及经验，指点如何查阅有关医籍，讨论中医养生方药等。章次公一如既往，对工作认真负责，对病人一视同仁、和蔼亲切、耐心细致。繁忙的超负荷工作，使章次公得以暂时忘却种种不快；良好的疗效，为他赢回了一个中医临床大家的声誉，使他聊以自慰。但夜深人静之时，仍不免悲从中来，“何以解忧？唯有杜康”，加之大量的吸烟而致健康大受影响。

何时希常与章次公叙晤，故对其在京期间的情况知之较深，他在《外狂内谨的章次公》

一文中曾经述及，兹节选几段内容，作为参证：

次公先生医务兴隆，赡家有余，却能常常大声疾呼，为中医前途担忧，这真是不可及的前辈风范。

次公其本性淡于名利，应聘去京是想为昔日衷中参西、振兴中医之宏愿可以有所展现，不想境与性违，竟郁郁而不能得志。

章氏入京以后，就受到歧视和中伤，边幅不修，仪表不整，语言爽直，学说有偏见，不适合做高干保健工作等等，即出之于某人之口，影响工作安排。不知他在上海时，正是负责华东干部疗养院的高干诊务者。……他自任北京医院中医科主任后，以疗效来回答谗言的折磨，回到家里借酒浇愁，狂饮当哭，而过早地离开人间……因谗因忧，而促其年寿，真是我与这位师叔相处以来难以想到的。

以这样才华横溢的人，过早摧折是不能不惋惜的。

我对这位前辈是既钦其才华，耿直，不阿谀，不屈从，尤其在北京时，仍保持其独立性格，而得到党的信任。但由于率性而行，使其“发皇古义，融会新知”，借他卫生部中医顾问的有利条件，而犹未能很好地为大家所完全领会和接受……呜呼，官岂易当哉！故尽心力以寄托于诊疗，挽回了不少口碑。

次公毕竟是一位诚朴质直，胸中毫无欺诈城府的大学问家。

自古以来有非常之才学者，必有非常之毁誉，此亦无可足怪。

豁达、诙谐、博学、善谈的章次公，与毛泽东主席彻夜长谈、被毛泽东主席誉为“难得之高士也”。

章次公常年患有慢性支气管炎，每遇冬季即发。1958 年冬，章次公咳嗽加剧，翌春时感腿痛，他以为是坐骨神经痛，并未在意。4 月，腿痛加剧，走路极为困难。他抱病参加第三届全国政协开幕式后，才住进医院，确诊为肺癌骨转移。由于全身广泛转移，疼痛甚剧，但他从不流露痼疾之痛苦，乐观、旷达，积极配合治疗，经治医生、护士深为感动。病逝前一周，一位病友去看他，他还为其诊病处方。章次公对毛泽东主席、周恩来总理给他的关怀和礼遇，充满感激之情。病逝前，他对儿女们说："没有共产党就没有中国的前途，没有中医的前途，也没有我个人的前途……"他嘱咐弟子："中医欲求融合现代科学，必先求我之卓然自立。"这成为他的临终遗言。

1959 年 11 月 6 日，章次公在北京逝世。由卫生部李德全部长等组成治丧委员会，《人民日报》、《健康报》发了讣告。在陶然亭进行公祭时，周恩来总理等领导送了花圈。其骨灰安葬于八宝山烈士公墓。

章次公治家严谨。9 个子女中，研究员 1 人，副研究员 1 人，教授 2 人，高级工程师 1

人，其余均从事教育事业，各有成就。其弟子范行准为著名医史专家，王玉润、朱良春、何任、陆广莘为著名中医学家。

“儿女性情，英雄肝胆，神仙手眼，菩萨心肠”，章次公是现代医学史上一位值得称道的人物，在祖国中医学发展的道路上留下了深深的足迹。

（撰稿人 刘南燕）

《中华中医昆仑》丛书 150 位医家名录

（按生年排序）

张锡纯	丁甘仁	萧龙友	王朴诚	恽铁樵
曹炳章	冉雪峰	谢　观	施今墨	汪逢春
孔伯华	黄竹斋	吴佩衡	蒲辅周	陈邦贤
李翰卿	李斯炽	姚国美	陆渊雷	张泽生
时逸人	张梦侬	叶橘泉	王聘贤	陈慎吾
邹云翔	赵炳南	承淡安	余无言	刘惠民
岳美中	沈仲圭	秦伯未	赵锡武	韦文贵
程门雪	黄文东	赵心波	董廷瑶	吴考槃
章次公	石筱山	陆南山	张赞臣	李聪甫
刘绍武	陈存仁	朱仁康	陆瘦燕	姜春华
韩百灵	高仲山	李克绍	王鹏飞	刘春圃
金寿山	哈荔田	何世英	周凤梧	干祖望
关幼波	王为兰	任应秋	罗元恺	祝谌予
杨医亚	郭士魁	何时希	耿鉴庭	俞慎初

裘沛然	顾伯华	江育仁	邓铁涛	门纯德
刘渡舟	尚天裕	朱良春	李玉奇	程士德
尚志钧	赵绍琴	董建华	米伯让	李辅仁
张珍玉	班秀文	颜正华	于已百	颜德馨
路志正	方药中	王乐匋	黄星垣	谢海洲
余桂清	何　任	王子瑜	程莘农	陈彤云
焦树德	张作舟	张　琪	李寿山	张镜人
王绵之	方和谦	印会河	王玉川	蔡小荪
李振华	马继兴	王嘉麟	宋祚民	刘弼臣
王雪苔	刘志明	吴咸中	李今庸	任继学
裴学义	王宝恩	周霭祥	贺普仁	唐由之
赵冠英	许润三	金世元	陆广莘	刘柏龄
徐景藩	吉良晨	吴定寰	沈自尹	王孝涛
张灿玾	周仲瑛	强巴赤列	张代钊	李经纬
郭维淮	柴松岩	苏荣扎布	陈可冀	李济仁
夏桂成	郭子光	巴黑·玉素甫	张学文	陈介甫